I COLORI DELLA CUCINA

W0290009

MACCHERONI

PENNE E PASTA CORTA

COVER

Paccheri made in Italy
foto e styling di S. Scicchitano

SOMMARIO

A COLPO D'OCCHIO

RAGÙ A CONFRONTO

MACCHERONI

PENNE E PENNETTE

PIPE CONCHIGLIONI E LUMACONI

FARFALLE FUSILLI E RUOTE

LEGENDA

minuti

tempo di preparazione ed eventuale riposo

minuti

tempo di cottura

RAGÙ
A CONFRONTO

RAGÙ ALLA BOLOGNESE

10 minuti

90 minuti

INGREDIENTI
per 4 persone

- **400 g di polpa di pomodoro a pezzetti**
- **300 g di polpa di manzo tritata**
- **50 g di pancetta a cubetti**
- **1 carota, 1 cipolla**
- **1 costa di sedano**
- **1 bicchiere di vino bianco**
- **burro**
- **olio extravergine di oliva**
- **sale e pepe**

pasta consigliata
rigatoni

1 Mondate e tritate la carota, il sedano e la cipolla. Versate un filo di olio in una casseruola con una noce di burro e fate scaldare. Aggiungete gli odori tritati e la pancetta, e fate soffriggere a fuoco medio per 5 minuti, mescolando ogni tanto (foto 1).

2 Unite la polpa di manzo tritata e lasciate rosolare. Bagnate con il vino bianco (foto 2) e fate sfumare a fuoco vivace.

3 Aggiungete la polpa di pomodoro (foto 3), e portate a bollore. Incoperchiate e proseguite la cottura a fuoco lento per una mezz'ora, mescolando di tanto in tanto. Regolate di sale, profumate con una macinata di pepe e fate cuocere ancora fino a ottenere un ragù ben addensato (foto 4).

4 Non vi rimane che lessare la pasta, che avrete scelto, in abbondante acqua bollente salata. Scolarla al dente nella casseruola con il ragù, mantecare per 1 minuto e servire.

RAGÙ NAPOLETANO

15 minuti

320 minuti

INGREDIENTI
per 4 persone

- **700 g di polpa di manzo**
- **500 g di cipolle**
- **250 g di passata di pomodoro**
- **100 g di concentrato di pomodoro**
- **50 g di lardo**
- **70 g di strutto**
- **1 bicchiere di vino rosso**
- **1 ciuffo di basilico**
- **sale**

pasta consigliata
mezzi ziti

1 Versate la passata di pomodoro in una casseruola, unite il concentrato e 2 bicchieri di acqua e fate cuocere per qualche minuto. Tagliate il lardo a listerelle, steccate la carne e legatela con spago da cucina (foto 1).

2 Tritate le cipolle e raccoglietele in un'altra casseruola con lo strutto. Mettete su fuoco bassissimo e fate cuocere finché lo strutto si sarà fuso e la cipolla comincerà a soffriggere. Aggiungete la carne, coprite e proseguite la cottura finché sarà ben rosolata (ricordate di girarla ogni tanto) e le cipolle avranno preso colore (foto 2).

3 Levate il coperchio, bagnate con il vino (foto 3) e fate evaporare. Unite la salsa di pomodoro preparata e un pizzico di sale (foto 4), incoperchiate e fate cuocere a fuoco bassissimo per 3-4 ore o fino a quando il ragù si sarà ben addensato. Al termine, levate la carne (che potrete servire come secondo), e utilzzate il ragù per condire la pasta che preferite.

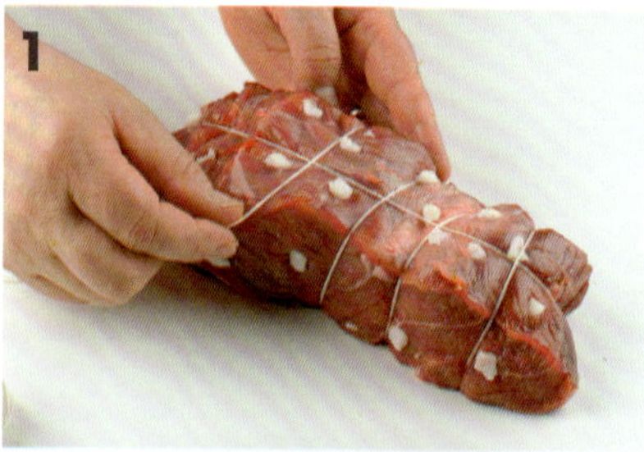
1

2

3

4

MACCHERONI

ASSAGGI DI PASTA
CON BRICIOLE AL BALSAMICO E RICOTTA

15 minuti

15 minuti

INGREDIENTI
per 6 persone

- **400 g di mezze maniche**
- **100 g di mollica di pane raffermo**
- **100 g di fagiolini già mondati**
- **100 g di ricotta**
- **1 scalogno**
- **6-8 pomodorini**
- **1 cucchiaio di origano**
- **parmigiano grattugiato**
- **aceto balsamico**
- **olio extravergine di oliva**
- **sale e pepe**

1 Lavate i fagiolini, asciugateli e tagliateli a metà. Sbriciolate grossolanamente la mollica di pane. Raccoglietela in una padella, bagnatela con una spruzzata abbondante di aceto balsamico e fatela saltare finché diventa croccante.

2 Lessate la pasta e i fagiolini in abbondante acqua bollente leggermente salata. Intanto affettate lo scalogno e fatelo soffriggere dolcemente in un'altra padella con 3-4 cucchiai di olio. Unite i pomodorini, tagliati a dadini piccoli, e continuate la cottura per pochi minuti.

3 Scolate la pasta e i fagiolini nella padella con il sugo, profumate con l'origano e fate saltare per un minuto. Unite la ricotta, passata al setaccio, spolverizzate di parmigiano, pepate, mescolate e servite in coccetti individuali.

MEZZE MANICHE
AL RAGÙ DI SPADA IN ROSSO

15 minuti

25 minuti

INGREDIENTI
per 4 persone

- **320 g di mezze maniche**
- **300 g di pesce spada in tranci**
- **4-5 pomodori maturi**
- **1 spicchio di aglio**
- **1 ciuffo di basilico**
- **olio extravergine di oliva**
- **sale e pepe**

1 Sbollentate i pomodori per un paio di minuti, scolateli, pelateli e tagliateli a metà. Eliminate i semi e l'acqua di vegetazione e fateli a dadini.

2 Fate soffriggere lo spicchio di aglio in una casseruola con 3-4 cucchiai di olio. Levatelo, aggiungete la concassé di pomodoro e fatela cuocere a fuoco medio per una decina di minuti, mescolando ogni tanto.

3 Pulite i tranci di pesce spada, spellateli e fateli a cubotti. Fate saltare i cubotti di spada in un'altra padella con 2 cucchiai di olio per 2-3 minuti. Al termine salate e pepate.

4 Lessate la pasta in abbondante acqua bollente leggermente salata. Scolatela al dente e trasferitela nella padella con il sugo al pomodoro. Unite i cubotti di spada, mescolate e fate saltare per 1 minuto. Condite con un filo di olio a crudo, profumate con un un po' di basilico, portate in tavola e servite.

MEZZE MANICHE
ZUCCHINE E CARCIOFI

15 minuti

35 minuti

INGREDIENTI
per 4 persone

- **320 g di mezze maniche**
- **200 g di zucchine**
- **2 carciofi**
- **1 ciuffo di prezzemolo**
- **1 limone**
- **1 spicchio di aglio**
- **brodo vegetale**
- **pecorino grattugiato**
- **olio extravergine di oliva**
- **sale e pepe**

1 Mondate i carciofi, eliminate le foglie più esterne, spuntateli, privateli dell'eventuale fieno e tagliateli a spicchi molto sottili. Quindi immergeteli in acqua acidulata con il succo del limone.

2 Lavate le zucchine sotto l'acqua corrente, spuntatele, asciugatele e tagliatele a listerelle.

3 Scaldate 3-4 cucchiai di olio in una padella con l'aglio schiacciato. Prima che scurisca, levatelo. Unite i carciofi scolati e lasciateli soffriggere per circa 5 minuti, mescolando ogni tanto. Aggiungete le zucchine e lasciate insaporire per un paio di minuti.

4 Bagnate con un mestolino di brodo e proseguite la cottura a fuoco dolce per 5 minuti. Al termine profumate con un po' di prezzemolo tritato.

5 Lessate la pasta in abbondante acqua bollente leggermente salata. Scolatela al dente e trasferitela nella padella con il condimento. Spolverizzate con pecorino grattugiato, padellate per 1 minuto, portate in tavola e servite.

MEZZE MANICHE
CON ZUCCA CROCCANTE E CURRY

Preparazione	5 minuti
Cottura	20 minuti

INGREDIENTI
per 4 persone

- 320 g di mezze maniche
- 200 g di polpa di zucca
- 1 scalogno
- 1 rametto di rosmarino
- 2 dl di panna fresca
- 1 cucchiaio di curry
- parmigiano grattugiato
- burro
- sale

1 Tritate finemente lo scalogno e tagliate la polpa di zucca a dadini. Scaldate un filo di olio in una padella con una noce di burro e il rosmarino, unite la dadolata di zucca e fatela soffriggere per qualche minuto.

2 Levate il rosmarino, aggiungete la panna e il curry, mescolate e proseguite la cottura per qualche minuto ancora. Lessate la pasta in abbondante acqua bollente leggermente salata, scolatela al dente e versatela nella padella con il condimento. Mantecate, spolverizzate con un po' di parmigiano e servite.

CALAMARATA
CON BROCCOLI VONGOLE E COZZE

Preparazione	20 minuti
Cottura	35 minuti

INGREDIENTI
per 4 persone

- 320 g di calamarata
- 800 g di broccolo
- 1 kg di cozze già pulite
- 1 kg di vongole già spurgate
- 2 spicchi di aglio
- 1 bicchiere di vino bianco
- 1 ciuffo di prezzemolo
- 1 peperoncino
- olio extravergine di oliva
- sale

1 Raccogliete le vongole in una padella con un filo di olio e 1 spicchio di aglio. Mettete sul fuoco, bagnate con 1/2 bicchiere di vino bianco, profumate con un po' di prezzemolo tritato, incoperchiate e fatele aprire a fuoco vivace. Poi scolatele (ma filtrate e conservate il liquido prodotto in cottura) e tenetele da parte. Procedete allo stesso modo con le cozze (senza conservare il loro liquido).

2 Mondate il broccolo, eliminate le parti più dure e riducetelo in cimette. Lessate le cimette in abbondante acqua bollente leggermente salata per pochi minuti, poi scolatele e tenetele da parte. Lessate la pasta nella stessa acqua di cottura delle cimette.

3 Mentre la pasta è in cottura, scaldate un filo di olio in un'altra padella con lo spicchio di aglio rimasto, schiacciato, e un po' di peperoncino, tritato (circa la quantità, regolatevi secondo il vostro gusto).

4 Scolate la pasta bene al dente e trasferitela nella padella con l'olio. Aggiungete le cimette di broccolo, le vongole e le cozze, bagnate con 2-3 cucchiai dell'acqua delle vongole e fate saltare per un paio di minuti. Levate, portate in tavola e servite.

CALAMARATA
CON ORATA E MELANZANE

20 minuti

30 minuti

INGREDIENTI
per 4 persone

- 400 g di calamarata
- 2 melanzane piccole
- 1 orata da 500 g già eviscerata
- 10 pomodori datterini
- 1 spicchio di aglio
- 1 ciuffo di basilico
- 50 g di pinoli già pelati
- 1/2 bicchiere di vino bianco
- farina
- olio extravergine di oliva
- sale

1 Lavate e asciugate le melanzane. Spuntatele, tagliatele a julienne e friggetele in abbondante olio ben caldo. Man mano che sono pronte, scolatele su carta assorbente da cucina. Tagliate a spicchietti i pomodorini e teneteli da parte.

2 Sfilettate l'orata. Tagliate i filetti a tocchetti e passateli nella farina. Scaldate un filo di olio in una padella con l'aglio schiacciato. Eliminate quest'ultimo, unite i tocchetti di orata e fateli rosolare per un paio di minuti, in modo uniforme.

3 Bagnate con il vino bianco e fate sfumare. Aggiungete i pomodorini e proseguite la cottura per qualche minuto. Nel frattempo fate tostare i pinoli in un'altra padella.

4 Lessate la pasta in abbondante acqua leggermente salata; scolatela al dente e raccoglietela nella padella con il condimento. Aggiungete i pinoli e le melanzane, mescolate e fate saltare per un paio di minuti. Profumate con un po' di basilico spezzettato, portate in tavola e servite.

PACCHERI
MADE IN ITALY

10 minuti

35 minuti

INGREDIENTI
per 4 persone

- **320 g di paccheri**
- **500 g di pomodorini**
- **1 rametto di origano**
- **1 ciuffo di basilico**
- **pangrattato**
- **olio extravergine di oliva**
- **sale e pepe**

1 Lavate i pomodorini, asciugateli, tagliateli a metà ed eliminate i semi e l'acqua di vegetazione. Foderate una teglia con un foglio di carta forno e disponete i pomodorini con la parte tagliata verso l'alto.

2 Profumate i pomodorini con una macinata di pepe e con abbondante origano e basilico, tritati. Conditeli con un pizzico di sale e con un filo di olio, mettete in forno già caldo a 180 °C e fate cuocere per una ventina di minuti. Trascorso il tempo, levateli e trasferiteli in una padella.

3 Lessate la pasta in abbondante acqua bollente leggermente salata. Scolatela al dente e raccoglietela nella padella con il condimento. Mantecate per 1 minuto a fuoco vivace, poi levate e servite con un filo di olio a crudo e qualche fogliolina di basilico.

PACCHERI COZZE E CANNELLINI

20 minuti

35 minuti

INGREDIENTI per 4 persone

- 320 g di paccheri
- 400 g di cozze già pulite
- 100 g di cannellini già lessati
- 10 pomodorini
- 1 scalogno
- 1 ciuffo di prezzemolo
- olio extravergine di oliva
- sale

1 Raccogliete le cozze in una padella con un filo di olio. Incoperchiate e fatele aprire. Quindi scolatele, sgusciatele (ma lasciatene qualcuna nella conchiglia) e tenetele da parte. Tenete da parte anche il liquido che avranno prodotto in cottura, dopo averlo filtrato.

2 Sbollentate i pomodorini per un paio di minuti. Scolateli, pelateli, tagliateli a metà ed eliminate i semi e l'acqua di vegetazione. Quindi fateli a spicchi. Tritate lo scalogno e fatelo soffriggere in un'altra padella con 2-3 cucchiai di olio. Unite i pomodorini, bagnate con 3-4 cucchiai del liquido delle cozze, salate e fate cuocere per 5 minuti.

3 Intanto lessate la pasta in abbondante acqua bollente leggermente salata. Poco prima del termine, unite i cannellini e le cozze, ai pomodorini in cottura e mescolate delicatamente.

4 Scolate la pasta bene al dente, trasferitela nella padella con il condimento e fatela saltare per 1 minuto. Levate e sevite, guarnendo i piatti con le cozze tenute da parte e con qualche fogliolina di prezzemolo.

PACCHERI RIPIENI AL NASELLO E ORTO

25 minuti

40 minuti

INGREDIENTI per 4 persone

- 320 g di paccheri
- 1 limone
- 2 naselli già eviscerati
- 1 carota
- 1 cipolla
- 1 costa di sedano
- 50 g di spinaci già lessati
- 1 patata già lessata
- 1 dl di besciamella
- 1 bicchiere di vino bianco
- 1 ciuffo di prezzemolo
- 1 spicchio di aglio
- parmigiano grattugiato
- bottarga
- olio extravergine di oliva
- sale

1 Sfilettate i naselli: spellate i filetti, eliminate eventuali lische residue e tritateli. Mondate cipolla, carota e sedano e tagliateli a dadini molto piccoli. Lavate il limone, asciugatelo e grattugiate la scorza.

2 Scaldate un filo di olio in una padella con l'aglio schiacciato. Levate quest'ultimo, aggiungete gli odori e fateli soffriggere per qualche minuto, mescolando ogni tanto.

3 Unite la polpa di pesce tritata e lasciate insaporire. Condite con un pizzico di sale, profumate con la scorza grattugiata, bagnate con il vino bianco e lasciate evaporare. Incoperchiate e proseguite la cottura per una decina di minuti. Trascorso il tempo levate e raccogliete tutto in una ciotola.

4 Unite la patata schiacciata e gli spinaci, finemente tritati. Aggiungete un paio di cucchiai di parmigiano, profumate con 1 cucchiaio di bottarga grattugiata al momento e amalgamate.

5 Lessate i paccheri in abbondante acqua bollente leggermente salata. Scolateli molto al dente e disponeteli su un canovaccio pulito. Quando si saranno raffreddati farciteli con il composto.

6 Distribuite i paccheri nelle pirofile individuali, e nappateli con un velo di besciamella, leggermente scaldata. Mettete in forno già caldo a 180 °C e fate cuocere per 10 minuti. Poi levate, spolverizzate con un po' di parmigiano e con un'altra grattugiata di bottarga, profumate con prezzemolo tritato e servite.

PACCHERI
AL BACCALÀ PATATE E PESTO

10 minuti

45 minuti

INGREDIENTI
per 4 persone

- 320 g di paccheri
- 200 g di baccalà già ammollato
- 200 g di patate
- 90 g di pesto
- 1 l di brodo vegetale
- 1 foglia di alloro
- 1 bicchiere di latte
- pecorino grattugiato
- olio extravergine di oliva
- sale

1 Lessate le patate per 30 minuti a partire dal bollore. Poi scolatele, sbucciatele e tagliatele a tocchetti. Mentre le patate sono in cottura, mettete il baccalà in una casseruola con il brodo vegetale freddo e la foglia di alloro, portate a bollore e fate cuocere per 10 minuti.

2 Trascorso il tempo, spegnete e lasciate intiepidire. Al termine, scolate il pesce, eliminate eventuali lische residue e tagliatelo a pezzetti.

3 Lessate i paccheri in abbondante acqua bollente leggermente salata. Intanto, scaldate un filo di olio in una padella. Unite il baccalà, bagnate con il latte e fate cuocere per 4-5 minuti. Aggiungete anche le patate e regolate di sale.

4 Scolate la pasta bene al dente e raccoglietela nella padella con il condimento. Mescolate, condite con un filo di olio a crudo e mantecate per 1 minuto. Distribuite la pasta nei piatti individuali, velati con un paio di cucchiai di pesto, spolverizzate con pecorino grattugiato e servite.

MACCHERONCINI
CON TACCOLE PERE E SPECK

25 minuti

10 minuti

INGREDIENTI
per 4 persone

- 320 g di sedani rigati
- 500 g di taccole
- 100 g di rucola
- 1 pera
- 1 limone
- 80 g di pecorino
- 80 g di speck igp in una fetta unica
- 1 rametto di timo
- 50 g di pistacchi già pelati
- olio extravergine di oliva
- sale e pepe

1 Mondate le taccole, spuntatele e sbollentatele in acqua leggermente salata per pochi minuti. Scolatele bene al dente (dovranno risultare ancora croccanti), tagliatele a tocchetti e tenete da parte.

2 Sciacquate, asciugate e spezzettate grossolanamente la rucola. Lavate la pera, asciugatela e tagliatela a spicchietti sottili, senza sbucciarla. Raccogliete gli spicchi in un piatto e irrorateli con il succo del limone per non farli annerire. Tagliate il pecorino a scagliette e lo speck a listerelle. Tritate grossolanamente i pistacchi.

3 Lessate la pasta in abbondante acqua leggermente salata. Scolatela al dente, raccoglietela in una zuppiera e conditela con un filo di olio. Aggiungete le taccole, gli spicchi di pera, ben sgocciolati, e il pecorino.

4 Unite lo speck, la rucola e i pistacchi, e profumate con il timo tritato e con una macinata abbondante di pepe. Versate un altro filo di olio, mescolate e lasciate riposare per un paio di minuti, prima di servire.

MACCHERONCINI FUMÉ
CON BACON E COZZE

Preparazione	25 minuti
Cottura	30 minuti

INGREDIENTI
per 4 persone

- 320 g di sedanini
- 1 kg di cozze
- 80 g di bacon in una fetta unica
- 1 scalogno
- 300 g di pomodorini ciliegia
- 1 spicchio di aglio
- 1 bicchiere di vino bianco
- 1 ciuffo di prezzemolo
- 1 ciuffo di basilico
- 1 rametto di timo
- pangrattato
- olio extravergine di oliva
- sale e pepe

1 Raccogliete le cozze in una padella con 3-4 cucchiai di olio e l'aglio. Mettete sul fuoco, bagnate con 1/2 bicchiere di vino bianco, profumate con un po' di prezzemolo tritato, incoperchiate e fatele aprire a fuoco vivace. Poi levatele e sgusciatele (lasciandone qualcuna nella conchiglia); filtrate il liquido di cottura e tenete tutto da parte.

2 Affettate lo scalogno e fatelo appassire in un'altra padella con un filo di olio e il bacon, fatto a listerelle. Aggiungete i pomodorini, tagliati a pezzetti, e fate cuocere per qualche minuto.

3 Intanto, scaldate un filo di olio in un padellino. Unite 3-4 cucchiai di pangrattato, profumate con un po' di prezzemolo, timo e basilico tritati, bagnate con qualche cucchiaio del liquido delle cozze, e fate saltare a fuoco vivace per pochi minuti.

4 Lessate la pasta in abbondante acqua bollente leggermente salata. Scolatela al dente, conditela con i pomodorini al bacon e mescolate. Distribuite la pasta in una pirofila. Unite tutte le cozze, e il pangrattato aromatizzato, completate con un filo di olio, infornate a 220 °C e fate cuocere per 10 minuti. Levate, portate in tavola e servite.

MINIPASTICCIO DI RIGATONI
AL SALAMINO PICCANTE E PROVOLA AFFUMICATA

15 minuti + riposo

25 minuti

INGREDIENTI
per 4 persone

- 300 g di rigatoni
- 120 g di provola affumicata
- 100 g di salamino piccante
- 2 uova
- parmigiano grattugiato
- burro
- olio extravergine di oliva
- sale e pepe

1 Lessate i rigatoni in abbondante acqua bollente, leggermente salata. Scolateli molto al dente e raccoglieteli in una ciotola. Conditeli con un filo di olio e lasciateli raffreddare.

2 Spellate il salamino e tagliatelo a rondelle spesse. Tagliate a dadini la provola affumicata. Rompete in una ciotola le uova, unite 2-3 cucchiai di parmigiano, profumate con una macinata abbondante di pepe e lavorate tutto con una forchetta.

3 Condite i rigatoni con le uova, aggiungete il salame e la dadolata di provola e mescolate. Imburrate 4 tegamini adatti alla cottura in forno e distribuiteci la pasta condita. Spolverizzate con un po' di parmigiano e completate con un fiocchetto di burro.

4 Coprite i tegamini con un foglio di carta di alluminio, infornate a 180 °C e fate cuocere per 10 minuti. Eliminate la carta, rimettete in forno e fate gratinare per altri 5 minuti. Levate e servite.

PENNE
E PENNETTE

PENNE
AL PESTO DI SALVIA

Preparazione	5 minuti
Cottura	10 minuti

INGREDIENTI
per 4 persone

- **320 g di penne rigate**
- **2-3 mazzetti di salvia**
- **60 g di pinoli già pelati**
- **60 g di pecorino stagionato**
- **60 g di parmigiano grattugiato**
- **4 spicchi di aglio**
- **olio extravergine di oliva**
- **sale e pepe**

1 Sfogliate la salvia, lavate le foglie, asciugatele perfettamente, tamponandole con un foglio di carta assorbente da cucina e raccoglietele nel bicchiere del mixer.

2 Aggiungete l'aglio, i pinoli, i formaggi e un paio di cucchiai di olio e frullate, aggiungendo a filo l'olio necessario per ottenere una salsa cremosa. Al termine, regolate di sale e pepate.

3 Lessate le penne in abbondante acqua leggermente salata. Scolatele al dente in una zuppiera, aggiungete il pesto, mescolate e servite.

PENNE CON PESTO DI LIMONE E FINOCCHIO E POLPO BOLLITO

Preparazione	15 minuti
Cottura	55 minuti

INGREDIENTI per 4 persone

- 320 g di penne
- 1 polpo di circa 1 kg
- 1 finocchio
- 1 mazzetto di finocchietto selvatico
- 1 limone
- 1 ciuffo di menta
- 1 ciuffo di basilico
- 20 g di capperi sotto sale
- 50 g di mandorle già pelate
- 100 g di mollica di pane raffermo
- olio extravergine di oliva
- sale

1 Mondate il finocchio, lavatelo e tagliatelo a spicchi. Raccogliete gli spicchi nel bicchiere del mixer e unite la polpa del limone (privata dei semi), il finocchietto selvatico e i capperi dissalati. Aggiungete le mandorle, una decina di foglie di menta e altrettante foglie di basilico e frullate tutto grossolanamente con 1 cucchiaio di olio.

2 Mettete il polpo in una casseruola di acqua fredda leggermente salata. Portate a bollore e fate cuocere per una quarantina di minuti. Al termine verificate che il polpo sia cotto pungendolo con uno stecchino. Una volta pronto, scolatelo (tenendo da parte la sua acqua di cottura) spellatelo e tagliatelo a pezzetti. Intanto, sbriciolate la mollica di pane e fatela tostare a fuoco vivace in un padellino.

3 Lessate le penne nell'acqua di cottura del polpo. Scolatele bene al dente e raccoglietele in una padella. Condite con un cucchiaio di olio e con il pesto preparato, bagnate con un paio di cucchiai dell'acqua di cottura e mantecate a fuoco basso per un paio di minuti. Aggiungete il polpo, spolverizzate con la mollica di pane tostata e servite.

ARRABBIATA FLAMBÉ
ROMA-MOSCA

10 minuti

25 minuti

INGREDIENTI
per 4 persone

- **320 g di penne**
- **4 pomodori maturi**
- **1 peperoncino**
- **1 spicchio di aglio**
- **1 ciuffo di prezzemolo**
- **1/2 bicchiere di vodka**
- **pecorino grattugiato**
- **parmigiano grattugiato**
- **olio extravergine di oliva**
- **sale e pepe**

1 Sbollentate i pomodori per un paio di minuti. Scolateli, pelateli, tagliateli a metà, eliminate i semi e l'acqua di vegetazione e fateli a dadini. Versate 3-4 cucchiai di olio in una padella con l'aglio e 1 peperoncino, spezzettato, mettete sul fuoco e lasciate insaporire.

2 Aggiungete la dadolata di pomodoro e fate cuocere per 5-10 minuti. Al termine, regolate di sale. Lessate la pasta in abbondante acqua bollente leggermente salata. Scolatela bene al dente e trasferitela nella padella con il condimento.

3 Versate la vodka e fatela fiammeggiare, inclinando leggermente la padella, finché la fiamma si spegne. Condite con una spolverizzata di pecorino e una di parmigiano. Profumate con una macinata di pepe nero. Colorate con un po' di prezzemolo tritato e servite.

PENNETTE ALLA VODKA

Preparazione	10 minuti
Cottura	40 minuti

INGREDIENTI
per 4 persone

- 320 g di penne rigate
- 100 g di pancetta a dadini
- 1 cipolla
- 2 cucchiai di concentrato di pomodoro
- 2 dl di panna fresca
- 1/2 bicchiere di vodka
- parmigiano grattugiato
- olio extravergine di oliva
- sale e pepe

1 Affettate sottilmente la cipolla e fatela appassire in una padella con un filo di olio e la pancetta a dadini per una decina di minuti.

2 Aggiungete il concentrato di pomodoro, diluito in poca acqua, e proseguite la cottura per altri 5 minuti. Bagnate con la vodka e fate sfumare. Unite la panna e fate restringere. Al termine regolate di sale e profumate con una macinata di pepe.

3 Lessate la pasta in abbondante acqua bollente leggermente salata. Scolatela al dente e trasferitela nella padella con il condimento. Fate saltare a fuoco vivace per un minuto, levate e servite, spolverizzando con parmigiano a piacere.

PENNE PANNA E SALMONE

15 minuti

25 minuti

INGREDIENTI
per 4 persone

- 320 g di penne lisce
- 2,5 dl di panna fresca
- 200 g di salmone affumicato
- 2 cipolle
- 1 porro
- 1 ciuffo di prezzemolo
- 1/2 bicchiere di vino bianco
- burro
- sale

1 Affettate sottilmente il porro (solo la parte bianca) e le cipolle, e fateli appassire in una padella con una noce di burro. Bagnate con il vino e fate sfumare.

2 Unite il salmone, tagliato a listerelle, profumate con un po' di prezzemolo tritato e lasciate insaporire per qualche minuto. Al termine aggiungete la panna e portate a cottura per 10 minuti.

3 Lessate la pasta in abbondante acqua bollente leggermente salata. Scolatela al dente nella padella con il condimento e fate saltare per circa 1 minuto. Levate, portate in tavola e servite.

PENNE PANNA PROSCIUTTO POMODORO PEPERONCINO PREZZEMOLO E PARMIGIANO

15 minuti

35 minuti

INGREDIENTI
per 4 persone

- **320 g di penne lisce**
- **2,5 dl di panna fresca**
- **1 cipolla**
- **100 g di pancetta coppata affettata sottile**
- **100 g di prosciutto cotto affettato sottile**
- **100 g di pomodori pelati**
- **1/2 bicchiere di vino bianco**
- **2 ciuffi di prezzemolo**
- **1/2 peperoncino**
- **parmigiano grattugiato**
- **olio extravergine di oliva**
- **sale**

1 Affettate sottilmente la cipolla e fatela appassire in una padella con 1 cucchiaio di olio e il peperoncino tritato. Unite la pancetta coppata e il prosciutto, tagliati a listerelle, e fate insaporire per 2-3 minuti; bagnate con il vino e fate sfumare.

2 Aggiungete i pomodori pelati, schiacciateli con una forchetta e proseguite la cottura per 5 minuti. Versate la panna e fate cuocere per altri 10-15 minuti, fino a ottenere una salsa morbida ma densa.

3 Mentre il sugo è in cottura, lessate la pasta in abbondante acqua bollente salata. Scolatela al dente, trasferitela nella padella con il condimento e fate saltare per 1 minuto. Spolverizzate con parmigiano a piacere, mescolate e servite.

PENNE PANNA FUNGHI E PANCETTA

	15 minuti
	35 minuti

INGREDIENTI
per 4 persone

- **320 g di penne lisce**
- **2,5 dl di panna fresca**
- **100 g di pancetta a cubetti**
- **200 g di champignon**
- **2 cipolle piccole**
- **1/2 bicchiere di vino bianco**
- **burro**
- **sale**

1 Affettate sottilmente le cipolle e fatele appassire in una padella con una noce di burro. Unite la pancetta a cubetti e lasciate rosolare, quindi aggiungete i funghi mondati, puliti e tagliati a fettine sottili. Fate insaporire per circa 10 minuti, o comunque finché il loro liquido si sarà asciugato.

2 Bagnate con il vino e fate sfumare; unite la panna e fate cuocere per altri 10-15 minuti. Nel frattempo lessate la pasta, in abbondante acqua bollente salata. Scolate la pasta al dente, traferitela nella padella con il condimento e fate saltare per 1 minuto. Levate, portate in tavola e servite.

PENNE PANNA GAMBERETTI E CURRY

20 minuti

30 minuti

INGREDIENTI
per 4 persone

- 320 g di penne lisce
- 2,5 dl di panna
- 400 g di gamberetti
- 2 scalogni
- 1 cucchiaino di curry
- 1/2 bicchiere di vino bianco
- olio extravergine di oliva
- sale

1 Sgusciate i gamberetti, incideteli sul dorso per eliminare il filamento scuro dell'intestino, e fateli saltare in una padella con 2 cucchiai di olio per 2-3 minuti.

2 Affettate gli scalogni e fateli appassire in un'altra padella con 2 cucchiai di olio. Unite il curry, bagnate con il vino bianco e fate sfumare. Aggiungete la panna e i gamberetti e proseguite la cottura per 10-15 minuti.

3 Lessate la pasta in abbondante acqua leggermente salata. Scolatela al dente, trasferitela nella padella con il condimento e padellate per circa 1 minuto. Levate, portate in tavola e servite.

PIPE CONCHIGLIONI E LUMACONI

MINIPASTICCIO DI PIPE ALLE ZUCCHINE

20 minuti + riposo

40 minuti

INGREDIENTI per 4 persone

- **300 g di pipe**
- **100 g di mozzarella di bufala**
- **4 zucchine**
- **1 cipolla**
- **200 g di besciamella**
- **1 spicchio di aglio**
- **parmigiano grattugiato**
- **burro**
- **olio extravergine di oliva**
- **sale e pepe**

1 Lessate la pasta in abbondante acqua bollente, leggermente salata. Scolatela molto al dente e raccoglietela in una ciotola. Conditela con un filo di olio e lasciatela raffreddare. Affettate la mozzarella di bufola, mettete le fette in un colapasta e tenete da parte per una ventina di minuti, per fargli perdere il siero.

2 Lavate le zucchine, asciugatele, spuntatele e tagliatele a fette. Affettate sottilmente la cipolla e fatela appassire in una padella con 3-4 cucchiai di olio e l'aglio schiacciato. Eliminate quest'ultimo, aggiungete le zucchine, salate e fate cuocere per 10-15 minuti, bagnandole con un po' di acqua.

3 Tagliate a dadini la mozzarella di bufala ormai scolata, e aggiungetela alla pasta, unite le zucchine, 2-3 cucchiai di parmigiano e metà besciamella, profumate con una macinata di pepe e mescolate.

4 Imburrate 4 tegamini smaltati adatti alla cottura in forno e distribuiteci la pasta condita. Versate la besciamella rimasta e completate con un paio di fiocchetti di burro e una spolverizzata di parmigiano.

5 Coprite i tegamini con un foglio di carta di alluminio, infornate a 180 °C e fate cuocere per 10 minuti. Eliminate il foglio di carta, rimettete in forno e fate gratinare per altri 5 minuti. Levate e servite.

PIPE AL RAGÙ ROSSO
DI CONIGLIO

25 minuti

55 minuti

INGREDIENTI
per 4 persone

- **320 g di pipe**
- **1/2 coniglio già disossato e tagliato a pezzi**
- **200 g di pomodori**
- **1 cipolla**
- **1 carota**
- **1 costa di sedano**
- **1 foglia di alloro**
- **1/2 bicchiere di vino bianco**
- **olio extravergine di oliva**
- **sale e pepe**

1 Lavate e asciugate i pezzi di coniglio, quindi tagliateli a dadini piccoli, eliminando eventuali ossicini residui.

2 Mondate e tritate la cipolla, la carota e il sedano e fateli soffriggere per 10 minuti in una casseruola con 3-4 cucchiai di olio e la foglia di alloro, mescolando ogni tanto con un cucchiaio di legno. Aggiungete la dadolata di carne e fatela rosolare per 5 minuti, sempre mescolando ogni tanto. Bagnate con il vino e fate sfumare.

3 Intanto sbollentate i pomodori per un paio di minuti, scolateli, tagliateli a metà, eliminate i semi e l'acqua di vegetazione e fateli a pezzetti. Unite i pomodori al sugo, salate, pepate e proseguite la cottura per circa 30 minuti, a fuoco dolce, mescolando ogni tanto.

4 Lessate la pasta in abbondante acqua bollente leggermente salata, scolatela al dente e conditela con il ragù. Mescolate, portate in tavola e servite.

PIPE GIALLE CON SALSICCIA
E FONDUTA DI GORGONZOLA

15 minuti

25 minuti

INGREDIENTI
per 4 persone

- 320 g di pipe
- 300 g di salsicce
- 200 g di gorgonzola
- 1/2 bicchiere di vino bianco
- 1 bicchiere di latte
- 1 spicchio di aglio
- 1 bustina di zafferano
- olio extravergine di oliva
- sale e pepe

1 Scaldate in una padella 2-3 cucchiai di olio con lo spicchio di aglio. Levate l'aglio, unite le salsicce, spellate e sgranate, e lasciatele insaporire per qualche minuto. Bagnate con il vino bianco e lasciate sfumare. Versate un mestolino di acqua bollente e proseguite la cottura finché le salsicce saranno pronte.

2 Lessate la pasta in abbondante acqua bollente leggermente salata. Intanto tagliate a dadini il gorgonzola, mettetelo in un pentolino con il latte e fatelo fondere a bagnomaria, mescolando ogni tanto con un cucchiaio di legno. Unite lo zafferano e mescolate ancora.

3 Scolate la pasta al dente, raccoglietela in una zuppiera e conditela con la salsiccia. Aggiungete la fonduta di gorgonzola allo zafferano, profumate con una macinata abbondante di pepe, mescolate bene.

NORMA AL CONTRARIO

25 minuti

45 minuti

INGREDIENTI
per 4 persone

- 320 g di conchiglioni
- 2 melanzane
- 1/2 kg di pomodori maturi
- 100 g di ricotta salata
- 1 spicchio di aglio
- 1 ciuffo di basilico
- zucchero
- olio di semi di arachide
- olio extravergine di oliva
- sale

1 Lavate le melanzane, asciugatele, spuntatele e tagliatele a fette. Raccoglietele in un colapasta, cospargetele di sale grosso e lasciatele spurgare per almeno mezz'ora.

2 Sbollentate i pomodori per un paio di minuti. Scolateli, pelateli, tagliateli a metà e privateli dei semi e dell'acqua di vegetazione, poi tagliateli a cubetti. Scaldate 3-4 cucchiai di olio di oliva in una casseruola con l'aglio. Eliminate quest'ultimo, aggiungete i pomodori e fate cuocere a fuoco basso per 10-15 minuti, o finché saranno morbidi.

3 Passate i pomodori al setaccio, raccogliete la passata in una casseruola, unite 1 cucchiaio di zucchero, profumate con qualche foglia di basilico, condite con un pizzico di sale e fate addensare. Lessate i conchiglioni in abbondante acqua bollente leggermente salata. Scolateli molto al dente e disponeteli su un canovaccio ad asciugare.

4 Nel frattempo sciacquate le melanzane, asciugatele con un canovaccio e tagliatele a cubetti. Scaldate abbondante olio di semi di arachide e friggete i cubetti di melanzana. Man mano che sono dorati, scolateli su un foglio di carta assorbente da cucina.

5 Distribuite parte della salsa e dei cubetti fritti nei conchiglioni. Velate due piccole pirofile con la salsa e i cubetti rimasti, e disponete i conchiglioni farciti. Condite con un filo di olio, infornate a 180 °C e fate cuocere per 10 minuti. Levate, spolverizzate con la ricotta salata, a scaglie, rimettete in forno e proseguite la cottura per 5 minuti. Levate e servite.

GRATIN DI CONCHIGLIONI
CON CASATELLA CARCIOFI E CREMA DI ZUCCA

25 minuti

50 minuti

INGREDIENTI
per 4 persone

- **320 g di conchiglioni**
- **400 g di casatella**
- **4 carciofi**
- **4 scalogni**
- **1/2 bicchiere di vino bianco**
- **500 g di polpa di zucca**
- **2 dl di panna fresca**
- **1 tuorlo**
- **1 rametto di dragoncello (o di timo)**
- **brodo vegetale**
- **pangrattato**
- **parmigiano grattugiato**
- **burro**
- **olio extravergine di oliva**
- **sale e pepe**

1 Mondate i carciofi e fateli a spicchi sottili. Tritate gli scalogni e fateli rosolare in una padella con un filo di olio. Unite i carciofi, bagnate con il vino bianco e lasciate sfumare. Salate, pepate, incoperchiate e proseguite la cottura per 10-15 minuti (se necessario, aggiungete un po' di brodo vegetale). Spegnete, fate raffreddare, unite 2-3 cucchiai di parmigiano, la casatella a dadini e 1 cucchiaio di pangrattato, e mescolate.

2 Tagliate la polpa di zucca a cubotti e cuocetela al vapore per 10-15 minuti. Raccogliete i cubotti nel bicchiere del mixer, con il tuorlo e la panna. Salate, profumate con una macinata di pepe e frullate fino a ottenere una crema.

3 Lessate i conchiglioni in abbondante acqua bollente, leggermente salata. Scolateli molto al dente e disponeteli a raffreddare su un canovaccio pulito. Quindi farciteli con il ripieno preparato.

4 Velate 4 coccetti individuali con la crema di zucca e distribuite i conchiglioni farciti. Spolverizzate con abbondante parmigiano grattugiato e irrorate con 40 g di burro, fuso. Profumate con un po' di dragoncello tritato, infornate a 180 °C e fate gratinare per una decina di minuti o comunque fino a doratura. Levate, portate in tavola e servite.

LUMACONI RIPIENI
ALLA RICOTTA PROVOLA AFFUMICATA E SPINACI

25 minuti

55 minuti

INGREDIENTI
per 6 persone

- **500 g di lumaconi**
- **200 g di spinaci**
- **300 g di ricotta**
- **150 g di provola affumicata**
- **250 g di pomodori pelati**
- **1 spicchio di aglio**
- **1 ciuffo di basilico**
- **parmigiano grattugiato**
- **olio extravergine di oliva**
- **sale e pepe**

1 Lavate gli spinaci, lessateli per 10 minuti con la sola acqua residua del lavaggio, quindi scolateli, strizzateli e tritateli. Raccogliete la ricotta in una ciotola e lavoratela con un cucchiaio di legno fino a ridurla in crema.

2 Aggiungete gli spinaci e amalgamate bene. Completate con la provola, tagliata a tocchetti, condite con sale e pepe e lavorate ancora. Lessate i lumaconi in abbondante acqua bollente salata. Scolateli molto al dente e farciteli con il composto preparato.

3 Fate imbiondire l'aglio in una casseruola con 2-3 cucchiai di olio extravergine, quindi levatelo. Aggiungete i pomodori, schiacciateli con una forchetta e fateli cuocere a fuoco dolce per 10-15 minuti.

4 Distribuite sul fondo di una pirofila un po' del sugo preparato. Adagiateci sopra i lumaconi e velateli con altro sugo al pomodoro. Spolverizzate di parmigiano, infornate a 180 °C e fate cuocere per 20 minuti.

5 Poco prima del termine di cottura, profumate i lumaconi con qualche foglia di basilico. Infine, levate, portate in tavola e servite.

LUMACONI AL RAGÙ
DI SPADA E MELANZANE FRITTE

30 minuti + riposso

45 minuti

INGREDIENTI
per 4 persone

- **320 g di lumaconi**
- **2 melanzane**
- **500 g di pesce spada in tranci**
- **15-20 pomodorini**
- **2 spicchi di aglio**
- **1 ciuffo di menta**
- **1 rametto di origano**
- **pecorino grattugiato**
- **peperoncino**
- **olio extravergine di oliva**
- **sale e pepe**

1 Lavate le melanzane, asciugatele, spuntatele e tagliatele a fette. Raccogliete le fette in un colapasta, cospargetele di sale grosso e lasciatele spurgare per almeno mezz'ora. Lessate i lumaconi in abbondante acqua bollente, leggermente salata. Scolateli molto al dente, disponeteli su un canovaccio pulito e lasciateli raffreddare.

2 Sciacquate le fette di melanzana, asciugatele e fatele a dadini. Scaldate abbondante olio extravergine in una casseruola con 1 spicchio di aglio. Eliminate quest'ultimo, unite le melanzane e friggetele. Scolatele su un foglio di carta assorbente da cucina e lasciatele asciugare.

3 Pulite i tranci di spada, spellateli e tagliateli a dadini piccoli. Scaldate 3-4 cucchiai di olio in una padella con l'aglio rimasto. Eliminate quest'ultimo, unite la dadolatina di spada e lasciate insaporire per 2-3 minuti, mescolando ogni tanto. Unite i pomodorini, lavati e tagliati a dadini, e lasciate insaporire per 5 minuti.

4 Aggiungete la dadolata fritta di melanzane e qualche foglia di menta tagliuzzata. Condite con un pizzico di sale, spolverizzate con un po' di pepe e di peperoncino e portate a cottura.

5 Farcite i lumaconi con il ragù di spada e melanzane, sistemateli in due piccole teglie, unte di olio, e spolverizzate con un po' di pecorino e di origano tritato, infornate a 180 °C e fate cuocere per 15 minuti. Levate e servite.

FARFALLE FUSILLI E RUOTE

FARFALLE
IN INSALATA TIEPIDA DI POLLO GRIGLIATO E POMODORI

15 minuti + riposo	140 minuti

INGREDIENTI
per 4 persone

- **320 g di farfalle**
- **500 g di pomodori San Marzano**
- **500 g di petto di pollo**
- **2-3 cucchiai di erbe aromatiche miste tritate (maggiorana, timo prezzemolo e basilico)**
- **aceto balsamico**
- **olio extravergine di oliva**
- **sale e pepe**

1 Sbollentate i pomodori, pelateli, tagliateli a metà ed eliminate i semi e l'acqua di vegetazione. Foderate la placca del forno con un foglio di carta forno. Disponeteci i pomodori, conditeli con sale, pepe e un filo di olio e spolverizzateli con un po' del trito di erbe. Mettete in forno a 120 °C e fate cuocere per 2 ore. Poi levateli e lasciateli raffreddare.

2 Tagliate il petto di pollo a listerelle e grigliatele su una piastra di ghisa ben calda. Una volta pronte raccoglietele in una zuppiera. Aggiungete i pomodori, tagliati a dadini, condite tutto con un filo di olio, un pizzico di sale e una macinata di pepe, profumate con altro trito di erbe e mescolate bene.

3 Lessate le farfalle in abbondante acqua leggermente salata. Scolatele al dente e trasferitele nella zuppiera con il pollo e i pomodori. Aggiungete qualche goccia di aceto balsamico, mescolate e servite.

FARFALLE ALLA RUCOLA
E CALAMARETTI

15 minuti

20 minuti

INGREDIENTI
per 4 persone

- **320 g di farfalle**
- **400 g di calamaretti già puliti**
- **100 g di rucola**
- **50 g di pinoli già pelati**
- **50 g di pecorino grattugiato**
- **50 g di parmigiano grattugiato**
- **2 spicchi di aglio**
- **brodo di pesce**
- **1/2 bicchiere di vino bianco**
- **olio extravergine di oliva**
- **sale**

1 Lavate la rucola, asciugatela e raccoglietela nel bicchiere del mixer. Unite i pinoli, 1 spicchio di aglio, il parmigiano e il pecorino, e frullate tutto a bassa velocità, aggiungendo a filo l'olio necessario a ottenere una salsina cremosa. Al termine assaggiate e regolate di sale.

2 Sciacquate i calamaretti, asciugateli e tagliateli ad anellini. Scaldate in una padella 3-4 cucchiai di olio con l'aglio rimasto. Levate l'aglio, unite i calamaretti e sfumate con il vino bianco.

3 Unite 1 bicchiere di brodo di pesce e proseguite la cottura per una decina di minuti. Lessate la pasta in abbondante acqua bollente leggermente salata. Scolatela bene al dente e trasferitela nella padella con i calamaretti. Fate saltare per 1 minuto, condite con il pesto di rucola, mescolate e servite.

FARFALLE
IN SALSA DI NOCI

20 minuti

25 minuti

INGREDIENTI
per 4 persone

- **320 g di farfalle**
- **250 g di gherigli di noce già pelati**
- **4 carciofi**
- **1 limone**
- **30 g di *prescinseua* (o di ricotta fresca)**
- **50 g di pinoli già pelati**
- **3 fette di pancarré senza crosta**
- **3 spicchi di aglio**
- **1 rametto di timo**
- **latte**
- **burro**
- **olio extravergine di oliva**
- **sale e pepe**

1 Raccogliete in un mortaio i gherigli di noce, aggiungete il pancarré, ammollato nel latte e strizzato, 2 spicchi di aglio tritati, i pinoli e la punta di un cucchiaio di sale grosso e lavorate a fondo con il pestello.

2 Incorporate la *prescinseua* (o la ricotta, passata a un setaccio), diluite con poco olio e lavorate a fondo fino a ottenere una salsa cremosa. Al termine assaggiate, regolate di sale e profumate di pepe.

3 Mondate i carciofi, eliminando le foglie esterne più dure, spuntateli, torniteli e tagliateli a spicchietti. Man mano che sono pronti, immergeteli in una bacinella di acqua acidulata con succo di limone.

4 Scaldate 2-3 cucchiai di olio in una casseruola con l'aglio rimasto. Lasciate insaporire, eliminate l'aglio, unite gli spicchi di carciofo, scolati e asciugati, e fate cuocere a fuoco moderato per 10-15 minuti, comunque finché saranno morbidi. A fine cottura profumate con il timo tritato.

5 Lessate le farfalle in abbondante acqua bollente leggermente salata. Scolatele al dente e raccoglietele in una zuppiera. Aggiungete la salsa di noci e i carciofi, mescolate (nel caso aggiungete 1-2 cucchiai dell'acqua di cottura della pasta), portate in tavola e servite.

FARFALLINE
AL SALMONE E PESTO DI RUCOLA

15 minuti

15 minuti

INGREDIENTI
per 4 persone

- 320 g di farfalline
- 350 g di salmone in un trancio unico
- 50 g di salmone affumicato a fette sottili
- 1 cucchiaino di concentrato di pomodoro
- 1/2 bicchiere di brandy
- 4 dl di panna fresca
- 100 g di rucola
- 50 g di pinoli già pelati
- 50 g di pecorino grattugiato
- 50 g di parmigiano grattugiato
- 1 spicchio di aglio
- burro
- olio extravergine di oliva
- sale

1 Lavate la rucola, asciugatela e raccoglietela nel bicchiere del mixer. Unite i pinoli, 1 spicchio di aglio, il parmigiano e il pecorino, e frullate tutto a bassa velocità, aggiungendo a filo l'olio necessario a ottenere una salsina cremosa. Al termine, regolate di sale e tenete da parte.

2 Pulite il trancio di salmone, spellatelo e tagliatelo a cubetti. Tritate finemente le fette di slamone affumicato. Fate fondere una noce di burro in padella, aggiungete i due salmoni e fate cuocere a fuoco vivo. Bagnate con il brandy e fate sfumare. Aggiungete il concentrato di pomodoro e, dopo 1 minuto, la panna. Mescolate e lasciate insaporire.

3 Nel frattempo lessate la pasta in abbondante acqua leggermente salata. Scolatela al dente, trasferitela nella padella con il condimento, e fate saltare per 1 minuto. Spegnete, completate con il pesto, mescolate e servite.

PASTA ALLA CHECCA

5 minuti

10 minuti

INGREDIENTI
per 4 persone

- **320 g di fusilli**
- **200 g di mozzarella**
- **100 g di caciotta romana dolce**
- **20-25 pomodorini**
- **1 ciuffo di basilico**
- **olio extravergine di oliva**
- **sale e pepe**

1 Tagliate a dadini la mozzarella, la caciotta romana e i pomodorini. Raccogliete tutto in una zuppiera, condite con un filo di olio, un pizzico di sale e una macinata di pepe e profumate con qualche foglia di basilico.

2 Lessate la pasta in abbondante acqua bollente leggermente salata. Scolatela al dente nella zuppiera con il condimento, mescolate e servite.

MINIFUSILLI
ALLE ACCIUGHE E FINOCCHIETTO

15 minuti

30 minuti

INGREDIENTI
per 4 persone

- 320 g di minifusilli
- 50 g di acciughe sotto sale
- 1 mazzetto di finocchietto selvatico
- 50 g di mollica di pane raffermo
- 1 spicchio di aglio
- 50 g di pecorino grattugiato
- olio extravergine di oliva
- sale

1 Lavate le acciughe, diliscatele, e tagliatele a pezzetti. Lavate e asciugate il finocchietto selvatico, sbollentatelo per 10 minuti in abbondante acqua leggermente salata, poi scolatelo (tenendo da parte l'acqua), asciugatelo e tritatelo.

2 Scaldate 3-4 cucchiai di olio in una padella con l'aglio schiacciato. Levatelo, unite le acciughe e stemperatele con una forchetta. Aggiungete il finocchietto tritato, e proseguite la cottura per 5-10 minuti.

3 Sbriciolate la mollica di pane e fatela tostare in un'altra padella con un cucchiaio di olio. Lessate la pasta nell'acqua di cottura del finocchietto. Scolatela bene al dente e fatela saltare per 1 minuto nella padella con le acciughe e il finocchietto tritato. Unite la mollica e il pecorino, mescolate e servite.

FUSILLI
ZUCCA E PROVOLONE

10 minuti

25 minuti

INGREDIENTI per 4 persone

- 320 g di fusilli bucati
- 600 g di polpa di zucca
- 1 spicchio di aglio
- 1 peperoncino
- 1 ciuffo di prezzemolo
- brodo vegetale
- 50 g di pecorino grattugiato
- 50 g di provolone grattugiato
- olio extravergine di oliva
- sale e pepe

1 Scaldate in una padella 3-4 cucchiai di olio con lo spicchio di aglio schiacciato e il peperoncino. Unite la polpa di zucca, tagliata a pezzettini, e lasciatela insaporire per qualche minuto.

2 Incoperchiate e proseguite la cottura a fuoco medio, girandola ogni tanto, finché sarà quasi del tutto sfatta (nel caso potete bagnarla con un po' di brodo vegetale bollente). Al termine eliminate l'aglio e il peperoncino e profumate con qualche foglia di prezzemolo tritata.

3 Lessate i fusilli in abbondante acqua bollente leggermente salata, scolateli al dente e trasferiteli nella padella con il condimento. Unite il provolone grattugiato e padellate per 1 minuto. Levate, spolverizzate con il pecorino, profumate con una macinata abbondante di pepe e servite.

RUOTE ALLA CREMA
DI CIME DI RAPA E NOCI

15 minuti

15 minuti

INGREDIENTI
per 4 persone

- 320 g di ruote
- 250 g di ricotta di capra
- 100 g di cime di rapa
- 6-7 gherigli di noce già sgusciati
- 2 filetti di acciuga sott'olio
- 1 spicchio di aglio
- olio extravergine di oliva
- sale e pepe

1 Pulite e lavate le cime di rapa. Tritate finemente i gherigli di noce, raccogliete il trito in un padellino e tostatelo per un paio di minuti. Poi levate e tenete da parte.

2 Scaldate 2-3 cucchiai di olio in una padella con 1 spicchio di aglio. Eliminate quest'ultimo, aggiungete i filetti di acciuga e stemperateli nell'olio con un cucchiaio di legno. Aggiungete le cime di rapa e lasciatele insaporire per qualche minuto. Levate e lasciate raffreddare, quindi passate tutto al mixer fino a ottenere una crema vellutata e omogenea.

3 Lessate le ruote in abbondante acqua bollente leggermente salata. Intanto raccogliete la ricotta in una padella con un mestolo dell'acqua di cottura della pasta, condite con un pizzico di sale e una macinata di pepe, e mescolate. Aggiungete la crema di cime di rapa e amalgamate ancora.

4 Scolate la pasta al dente, nella padella con il condimento, e mantecate a fuoco dolce per 1 minuto. Spolverizzate con il trito di noci, portate in tavola e servite.

RUOTE PICCANTI
SALSICCIA E POMODORO

10 minuti

30 minuti

INGREDIENTI
per 4 persone

- 320 g di ruote
- 250 g di salsiccia
- 200 g di passata di pomodoro
- 1/2 bicchiere di vino bianco
- 1 cipolla
- peperoncino
- pecorino grattugiato
- parmigiano grattugiato
- olio extravergine di oliva
- sale

1 Affettate sottilmente la cipolla e fatela soffriggere in una padella con 3-4 cucchiai di olio. Intanto spellate e sgranate la salsiccia, unitela alla cipolla e fate rosolare, mescolando ogni tanto con un cucchiaio di legno.

2 Bagnate con il vino bianco e fate sfumare. Versate il pomodoro, insaporite con un po' di peperoncino e proseguite la cottura per una ventina di minuti. A cinque minuti dal termine, regolate di sale.

3 Lessate le ruote in abbondante acqua bollente leggermente salata. Scolatele al dente, trasferitele nella padella con il condimento e fatele saltare per 1 minuto. Levate, spolverizzate con abbondanti parmigiano e pecorino, mescolate e servite.

MACCHERONI
DALLA A ALLA Z

MACCHERONI
A cura di
Alice

REDAZIONE
via Tiburtina 924, 00156 Roma
staff.alicemagazine@ltmultimedia.tv
DIRETTORE RESPONSABILE
Valter La Tona
VICEDIRETTORE
Giulia Macrì - giulia.macri@ltmultimedia.tv
CAPOREDATTORE
Francesco Monteforte Bianchi
francesco.monteforte@ltmultimedia.tv
REDAZIONE
Emanuela Bianconi - emanuela.bianconi@ltmultimedia.tv
SEGRETERIA DI REDAZIONE
Luisa Sbroscia - luisa.sbroscia@ltmultimedia.tv
REVISIONE TESTI
Mariaelisa Bianchi
IMPAGINAZIONE
Alessia Carrozzi
FOTOGRAFIE
E. Andreini, M. Avalos Flores, C. Bellasio, F. Brambilla, P. Della Corte,
C. Gargioni,T. Mattiello, S. Scicchitano, S. Serrani
LT EDITORE srl
Società controllata da LT Multimedia srl
LT MULTIMEDIA srl
via Tiburtina 924, 00156 Roma
sitcomeditore@ltmultimedia.tv - www.sitcomeditore.tv

Copyright © 2013 LT Editore
Tutti i diritti riservati
Nessuna parte di questa opera può essere riprodotta
o trasmessa in qualsiasi forma o con qualsiasi
mezzo elettronico, meccanico, o altro,
senza l'autorizzazione scritta dell'editore.

STAMPA
Tipolitografia Trullo
Via Ardeatina, 2479 - 00134 Roma
Tel. +39 06 6535677 - Fax +39 06 71302758
info@tipolitografiatrullo.it
www.tipolitografiatrullo.it

ISBN: 978-88-6107-190-2

Nella stessa collana:

le Conserve

la Pizza

il Cioccolato

la Pasta all'Uovo

i Menu di Natale

Verdure d'inverno

Fritti & Frittelle

Spaghetti & Co.

Frittate & Omelette

Verdure di primavera

Mousse, terrine e pâté

Gelati e sorbetti

il Pesce azzurro

il Pollo

i Risotti

le Patate

i Menu delle Feste

Dolci al cucchiaio

Fritti golosi

Muffin & Plumcake

le Uova

Sfoglia frolla e brisée

Bimbi è pronto!

Insalate Gourmand

Pasta e riso dell'estate

Tiramisù e semifreddi

Formaggi a tavola

Mele & Pere

Strenne dolci e salate

Lasagne e cannelloni

Cupcakes

tutto al Gratin

Cheesecakes

Involtini e scaloppine

Finito di stampare aprile 2013